A LA MÉMOIRE

DE LA

MÈRE St-CALLIXTE

PAR

M. l'Abbé Dupuis,

AUMÔNIER DES SOEURS DE St-JOSEPH D'AJACCIO.

AJACCIO
IMPRIMERIE JOSEPH POMPEANI.

—

1876

A LA MÉMOIRE

DE LA

MÈRE St-CALLIXTE

PAR

M. l'Abbé Dupuis,

AUMONIER DES SOEURS DE St-JOSEPH D'AJACCIO.

AJACCIO
IMPRIMERIE JOSEPH POMPEANI.

1876

A LA MÉMOIRE
DE LA
MÈRE Sᵀ-CALLIXTE

DEFUNCTA ADHUC LOQUITUR

ELLE EST MORTE ET CEPENDANT ELLE PARLE ENCORE.

Mes Soeurs, mes Enfants,

La solennité d'aujourd'hui (1) m'inviterait tout naturellement à vous parler de la divine Eucharistie, l'aliment et la consolation de toute âme chrétienne.

Mais votre douleur, que je partage pleinement, m'inspire un autre sujet et d'autres accents.

(1) La fête-Dieu.

Je ne puis laisser une tombe, arrosée de tant de larmes, se fermer pour toujours et tomber dans l'oubli, sans lui jeter une dernière immortelle, en lui disant les regrets qu'elle emporte et les souvenirs qu'elle laissera à jamais dans nos cœurs.

Raconter quelques traits de la vie de la Mère St Callixte, admirer ses vertus sera tout à la fois réjouir les personnes qui l'ont connue et aimée et donner à mon cœur une satisfaction légitime. Nous trouverons dans sa vie et dans sa mort de quoi nous édifier, nous consoler et même nous réjouir.

La Mère St Callixte fut une de ces femmes, hélas ! trop peu nombreuses aujourd'hui, que l'amour du monde ne blessa jamais. Née et élevée dans une famille éminemment chrétienne, elle eut le bonheur de goûter, dès ses plus tendres années, les joies pures et enivrantes de l'amour de Dieu. Nous ignorons, malheureusement encore, l'époque et les circonstances de sa première communion, mais il nous est facile de deviner les sentiments dont son cœur dut être animé en ce moment solennel.

Nul doute pour moi qu'elle ne reçût en ce jour

l'intuition de sa vocation. Nul doute qu'elle n'entendit au fond de son cœur une voix qui lui dit : « *Ma fille, écoute ma voix, abandonne la Maison de ton Père et le Roi de gloire t'aimera.* » Nul doute aussi qu'elle n'y répondit par ces paroles : « *J'ai trouvé celui que mon cœur aime, je le tiens et je ne le laisserai pas partir.* » Ou bien encore avec une jeune martyre de son âge, St Agnès : « *Mon époux céleste a mis dans ma bouche le lait et le miel, il m'a donné un chaste baiser, il a uni son corps à mon corps et son sang a orné mes joues... À lui seul je me livre avec tout l'abandon de l'amour, parce que je suis chaste quand je l'aime, pure quand je le touche, et vierge quand je le reçois.* » **La jeune enfant vivait encore au milieu du monde, mais elle n'en était pas.**

Elle n'en connaissait et n'en connut d'ailleurs jamais la malice.

Semblable à la timide violette qui craint les rayons d'une trop vive lumière, elle craignait les regards des hommes, elle se trouvait mal à l'aise dans cette atmosphère où l'on ne respire pas assez l'odeur de la vertu. Aussi songeait-elle de bonne heure à se donner totalement, irrévocablement à Celui dont l'amour avait si profondément blessé son cœur. A peine les portes du cloître pouvaient-elles s'ouvrir pour la laisser passer qu'elle s'y précipite avec la rapidité d'une colombe qui fuit le regard de l'épervier. Elle s'en va fixer sa demeure dans un lieu où les orages du monde ne grondent point, où les fleurs les plus délicates ne se flétrissent jamais.

C'est là, à l'ombre du sanctuaire, qu'elle a vécu depuis l'âge de 14 ans jusqu'à son dernier soupir.

Qui nous dira, maintenant les vertus et les mérites de cette vie de 54 ans consacrée au service de Dieu et au bien des âmes? Qui nous dira le bien qu'elle a fait, du fond de sa solitude, non-seulement à la ville d'Ajaccio, mais à la Corse entière?

Partout elle a répandu une précieuse semence qui a fait fleurir de grandes et belles vertus, lesquelles rediront aux générations futures combien sa longue carrière fut féconde et bien remplie. Toutes les misères attiraient son attention et vous savez si souvent elle ne vécut pas de privations pour les soulager. Vous connaissez les moyens ingénieux qu'elle employait parfois pour grossir le trésor des pauvres. Aussi, toutes les personnes qui l'ont vue à l'œuvre, ne trouvent pas, pour la caractériser, d'expression plus vraie que celle-ci : *Elle a passé en faisant le bien.*

Douée d'une prudence consommée et d'un jugement droit et sûr, elle sut conduire à bonne fin et sans froisser personne les affaires les plus délicates et les plus épineuses. La douceur et l'humilité faisaient comme le fond de son caractère. Etait-ce chez elle le résultat d'une nature heureuse ou d'une vertu acquise par des efforts constants ? — je ne saurais le dire. Toujours est-il qu'elle pratiqua à la lettre ces deux belles vertus que Jésus-Christ a proposées à notre imitation par ces paroles : *Discite a me quia mitis sum et humilis corde.* Apprenez de moi que je suis doux et humble de cœur. Aussi jamais personne ne justifia mieux qu'elle cette prophétie du Sauveur. *Beati mites quia possidebunt terram.* Bienheureux les pacifiques parce qu'ils possèderont la terre, c'est-à-dire l'empire des cœurs, selon l'explication des Sts Pères. Son autorité ne fut pas seulement tolérée ou supportée, comme on le voit hélas ! trop souvent, elle fut toujours acceptée et aimée.

On était d'autant plus heureux de lui obéir qu'elle savait compatir aux souffrances. Elle savait pleurer avec ceux qui pleuraient, souffrir avec ceux qui souffraient et se réjouir avec ceux qui se trouvaient dans la joie. Elle avait pour faire accepter les sacrifices que commande parfois l'obéissance, des moyens que Dieu bénissait et qui gagnaient tous les cœurs.

En voici un exemple qui m'a été raconté il n'y a que cinq jours par une de ses filles qui n'est plus ici : Un jour me dit cette bonne Religieuse, je fus appelée en direction par la Mère St Callixte. Après m'avoir donné quelques témoignages d'affection, elle me demande un sacrifice excessivement pénible à la nature. Pour moi, jeune et peu vertueuse encore, je me mis à trembler et à sangloter. La Bonne Mère pleure avec moi.

En la voyant prendre part à ma douleur, croyant l'avoir gagnée à ma cause, je lui dis : O ma Mère ! je vous en conjure ne me demandez pas cela, je sens que jamais je n'aurais le courage de l'accomplir : Mon Enfant, me dit-elle alors, c'est pour le bien de votre âme que je vous le demande. Descendez à la chapelle, faites un chemin de croix et revenez me trouver. J'y descends avec la résolution bien arrêtée de ne pas me laisser gagner. Je commence l'exercice commandé, et, chose étonnante, j'avais hâte de l'achever pour retourner auprès de la Bonne Mère lui dire que j'étais disposée à tout accepter. C'est par de semblables procédés qu'elle gagna toutes les sympathies de ses chères filles dont elle fit toujours de bonnes Religieuses.

Et cependant malgré ce ministère si bien rempli, elle se croyait inutile sur la terre ; elle ne se doutait même pas du bien qu'elle faisait autour d'elle. L'avez-vous jamais entendue parler d'elle-même ou vanter ses œuvres? Son humilité était trop grande et trop sincère pour tomber dans cette faiblesse, qui n'est malheureusement pas rare, même parmi les hommes de Dieu.

Que dire de sa dévotion au St-Sacrement de nos autels ? L'Eucharistie était sa vie, l'objet le plus habituel de ses pensées, et si je ne me trompe, c'est cette pensée qui l'a assistée dans ses derniers moments ; c'est cette pensée qui a vu s'exhaler son dernier soupir.

Dieu seul pourrait nous dire son amour pour ce divin Sacrement et le désir véhément qu'elle avait de le recevoir ; mais craignant de s'abuser sur ses dispositions, elle consultait souvent, à ce sujet, les personnes qui la connaissaient et se rendait sans raisonner à leur jugement.

Une religieuse morte il y a quelques années écrivait un jour dans une retraite : Le cœur droit est aimé de Dieu et des hommes. Il faut servir Dieu avec droiture et simplicité.... Si je le sers avec droiture et simplicité, il peut se servir de moi pour accomplir ses desseins et faire quelque bien.

La droiture, la loyauté, l'honnêteté feront donc la règle de ma conduite. Je suis appelée, à cause de ma position à exercer une très-grande influence autour de moi, mais je ne l'exercerai qu'autant que l'esprit de Dieu m'animera, me dirigera. Si des vues de foi, des vues surnaturelles ne président à toutes mes démarches, à tous mes mouvements, je mettrai obstacle aux desseins de mon Dieu et au lieu de faire le bien qu'il a droit d'en attendre, j'y mettrai empêchement. Eh! quel malheur d'être un instrument rebelle qui arrête le bras de Dieu et le retient au lieu de le seconder !

Je ne sais si, en fouillant dans les papiers de la Mère St Callixte, on ne trouverait pas de semblables paroles ; dans tous les cas, si elle ne les a pas écrites, elle les a certainement mises en pratique. Tous le reconnaissent ; quand elle commandait, dirigeait ou réprimandait, elle n'agissait pas par amour-propre, par caprice ou par sentiment, mais par l'esprit de Dieu qu'elle avait soin de consulter et d'implorer souvent. Et si elle a si bien réussi, si elle a fait tant de bien autour d'elle, il ne faut en chercher la raison que dans l'esprit de foi et la pureté d'intention qui l'animaient.

Je ne puis m'arrêter à vous signaler toutes les vertus qui brillèrent en elle, sa patience et sa résignation au milieu de la souffrance méritent cependant encore une mention spéciale.

Il est peu d'âmes saintes qui n'aient été pendant leur vie marquées au coin de la souffrance. C'est par ce signe que Dieu fait briller ses élus aux regards des hommes.

Eh bien ! plus de vingt ans durant, ce signe brilla sur son corps virginal ; pendant vingt ans la maladie l'a poursuivie sans pouvoir lui arracher une seule plainte. Elle était si loin de murmurer au milieu de ses souffrances que pendant sa dernière maladie nous l'avons entendue défendre de parler contre le mal qui la dévorait : N'appelez pas méchante la fièvre qui me fait souffrir, disait-elle, dans son langage simple et touchant.

Oh ! elle restera longtemps gravée dans ma mémoire

cette figure calme et sereine au milieu des plus cruelles souffrances et même en face de la mort. Si ses derniers moments ont été douloureux pour nous, il faut avouer aussi, qu'ils ont été bien consolants. J'ai assisté bien des mourants, jamais je n'en ai vu s'avancer vers l'éternité avec autant d'assurance, de paix et de tranquillité. La mort ne l'a point effrayée, et Mère St Callixte ne l'a point repoussée ; elle l'a reçue comme on reçoit un ami qui vient nous annoncer une bonne nouvelle. Aussi la mort ne l'a-t-elle point frappée, comme elle frappe habituellement ses victimes ; elle a respecté son corps autant qu'elle pouvait le respecter. A voir cette figure couchée sur les fleurs dont vous l'aviez environnée, on eut dit qu'elle l'avait rajeunie.

Bien aveugle serait l'homme qui ne verrait pas dans cet ensemble de phénomènes peu ordinaires, la récompense d'une vie sainte, la récompense d'une longue carrière passée tout entière au service de Dieu, et même un signe avant-coureur de l'immortalité glorieuse qui l'attendait au sortir de cette vie.

Si donc vous désirez, ô mes enfants, avoir le bonheur de vous endormir doucement et saintement dans la paix du Seigneur, comme la Bonne Mère S⁺ Callixte, imitez sa vie, servez Dieu dès votre jeunesse, n'attendez pas pour vous donner à lui que le monde vous repousse ; vous n'auriez plus alors aucun droit de prétendre aux faveurs que nous venons d'admirer.

O Bonne Mère S⁺ Callixte ! nous ne pourrons donc plus vous entendre nous exciter et nous encourager à la vertu. Nous ne pourrons donc plus vous contempler dans votre simplicité, votre modestie et votre piété ! L'impitoyable mort vous a frappée ! elle nous a ravi ce modèle que nous aimions à copier, mais elle ne pourra nous ravir votre image. Toujours elle vivra dans notre esprit, et nous aimerons à en retracer les traits les plus saillants.

O Bonne Mère !... Je ne pourrai donc plus lever sur vous mes mains pour vous bénir ! Je ne pourrai plus vous voir solliciter du Prêtre cette faveur que les âmes de foi savent seules apprécier ! Mais je verrai quelque chose de plus consolant pour moi. Je verrai celui qui vous a bénie tant de fois se prosterner à son tour sous votre main devenue puissante et recevoir la même faveur.

Oh ! non, j'en suis sûr, vous ne me refuserez pas,

quand vous serez au Ciel, ce que je vous ai donné si généreusement pendant votre vie. Vous me bénirez et avec moi toutes vos chères filles et toutes ces enfants dont les larmes et les prières vous témoignent de leur amour.

AJACCIO. — IMPRIMERIE JOSEPH POMPEANI.

www.ingramcontent.com/pod-product-compliance
Lightning Source LLC
Chambersburg PA
CBHW060620050426
42451CB00012B/2351